# 시인의 길

## 시인의 길

2022년 9월 23일 제 1판 인쇄 발행

지 은 이 ㅣ 김영업
펴 낸 이 ㅣ 박종래
펴 낸 곳 ㅣ 도서출판 명성서림

등록번호 ㅣ 301-2014-013
주      소 ㅣ 04552 서울시 중구 삼일대로8길 17 3~4층(충무로 2가)
대표전화 ㅣ 02)2277-2800
팩      스 ㅣ 02)2277-8945
이 메 일 ㅣ ms8944@chol.com

값  10,000원
ISBN 979-11-92487-58-8

※ 잘못 만들어진 책은 바꿔드립니다.
　 이 책 내용의 일부 또는 전부를 재사용하려면
　 반드시 저작권자의 동의를 얻어야 합니다

# 시인의 길

### 김영업 제3시집

도서출판 명성서림

/ 시인의 말 /

# 시인의 길을 걸으며

    시인의 길은 글을 고르고 싶어서다
    내 존재의 유한함을 깨닫게 해준 것은 시였고
    이룰 수 없는 일도 시를 씀으로써
    만족하고 견뎌낼 수 있는 힘을
    얻을 수 있었던 것도 시였다
    아프고 고통스러웠던 기억
    처절하게 후회했던 기억
    상처 받았던 기억
    이 많은 경험을 시로 진술함으로써 마음의 위안을 삼고 자연의 순리에 따르는 삶을 살아왔다.
    살아오면서 내 존재에 대해 성찰을 시로 진술했으나 여러 가지로 미숙한 점이 많다.

경험한 것들을 사물들과 견주어 시로 표현해보았으나 나 혼자만의 관념에 갇혀 객관적인 표현이 되지 못한 시를 창작하고 있음을 스스로 솔직하게 고백한다.
  공감할 수 있는 적절한 시어로 표현한다는 것이 이렇게 어려운 일인 줄 실감했다.
  미숙한 표현의 시이나 시를 쓰는 순간 마음의 위안을 받고 희열을 맛볼 수 있어서 좋았다.
  그래서 나는 일기를 쓰듯 나의 족적을 시로 진술하는 기쁨으로 살아가는 시인의 길을 걸어갈 작정이다.

2022. 9.
김영업 올림

차례

시인의 말            4

## 1부 / 여울목

| | |
|---|---|
| 민들레 | 12 |
| 그 자리 | 14 |
| 동백꽃 | 16 |
| 사랑의 연서 | 18 |
| 길 | 20 |
| 정 두고 온 자리 | 22 |
| 넷 쌍의 산행길 | 24 |
| 그대는 뉘신가요? | 26 |
| 오색 약수터 | 27 |
| 고맙습니다 | 28 |
| 보이지 않는 사랑 | 30 |
| 약속 | 32 |
| 잊을 수 없는 흔적 | 33 |
| 봄비 | 34 |
| 천국의 계단 | 35 |
| 안양천 꼬마 장미 | 36 |
| 코로나 바이러스19에게 | 38 |
| 나의 삶 | 39 |
| 여울목 | 40 |
| 어느 날 문득 | 42 |
| 찔레꽃 | 43 |
| 보리밭 | 44 |
| 오월 | 45 |
| 연분홍 코스모스 | 46 |

차례

## 2부 / 고향 생각

| | |
|---|---|
| 소리 없는 전쟁 | 48 |
| 노을을 바라보며 | 49 |
| 가을 낙엽 | 50 |
| 목련의 삶 | 51 |
| 매미의 일생 | 52 |
| 남매간의 우애(友愛) | 54 |
| 인생 마지막 길 | 56 |
| 만남과 헤어짐 | 58 |
| 모정(茅亭)을 생각하며 | 60 |
| 그대여 | 62 |
| 장형의 영면(永眠) | 64 |
| 노숙인의 삶 | 66 |
| 나의 허물을 벗기며 | 68 |
| 인력시장 | 70 |
| 젊은이와의 여행 | 72 |
| 안타까운 믿음 | 73 |
| 잊혀져가는 친구 | 74 |
| 옷섶에 묻어나는 봄 | 76 |
| 고향 생각 | 77 |
| 떠나버린 사람아 | 78 |
| 자화상 | 80 |
| 행복이란 | 82 |
| 가슴에 새기는 세월 | 84 |

차례

## 3부 / 질경이 같은 당신

| | |
|---|---|
| 선인장 | 86 |
| 바다의 일상 | 88 |
| 질경이 같은 당신 | 90 |
| 커피 사랑 | 92 |
| 동해 바다정원에서 | 93 |
| 부부의 행복 | 94 |
| 첫 사랑 | 96 |
| 흘러간 시간 | 98 |
| 운명처럼 만난 당신 | 100 |
| 여행 | 102 |
| 나를 구속한 사람 | 104 |
| 겨울잠 자는 나무들 | 105 |
| 당신은 알고 있나요 | 106 |
| 쓴 맛에 담긴 사랑 | 107 |
| 새가 죽어가는 유리벽 | 108 |
| 가을에 만나는 그 사람 | 110 |
| 이별을 준비하는 계절 | 112 |
| 그대 | 114 |
| 고드름 | 116 |
| 인생 2막 | 117 |
| 석류 | 118 |
| 가을 연정 | 120 |
| 만추의 서정 | 121 |

차례

## 4부 / 소백산 산철쭉

| | |
|---|---|
| 가을 이별 | 124 |
| 아버지 | 126 |
| 흙으로 돌아가시던 날 | 127 |
| 약속 | 128 |
| 가을 | 130 |
| 겨울 참새 | 131 |
| 뉘우치는 눈물을 주옵소서 | 132 |
| 낙엽 | 133 |
| 유혹 | 134 |
| 종착역 | 135 |
| 소백산 산철쭉 | 136 |
| 꽃과 나비 | 138 |
| 운해(雲海) | 139 |
| 인연 | 140 |
| 벚꽃에게 | 142 |
| 유년의 가을 | 144 |
| 겨울 여정 | 145 |
| 내 아버지 | 146 |
| 봄기운 | 148 |
| 인생 여로 | 149 |
| 겨울의 노래 | 150 |
| 하얀 눈 | 151 |
| 파도가 다듬은 조각 | 152 |
| | |
| 시해설 | 154 |

# 1부

/ 여울목 /

민들레 / 그 자리 / 동백꽃 / 사랑의 연서 / 길 / 정 두고 온 자리 / 넷 쌍의 산행길 / 그대는 뉘신가요? / 오색 약수터 / 고맙습니다 / 보이지 않는 사랑 / 약속 / 잊을 수 없는 흔적 / 봄비 / 천국의 계단 / 안양천 꼬마 장미 / 코로나 바이러스19에게 / 나의 삶 / 여울목 / 어느 날 문득 / 찔레꽃 / 보리밭 / 오월 / 연분홍 코스모스

# 민들레

선술집 담벼락 밑
어둠의 사각지대
경계석 틈 사이에서
몸을 바삭 낮추고 있다

화려한 동산에서
멋대로 자랐어야 할 생명이
선술집 막걸리잔 속에
피어 있는 민들레

부드럽게 웃는 모습 사랑스러워
넌지시 눈으로 건져 올려
마음 속
일기장에 옮겨 놓는다.

혼돈과 질서가 함께 있다가
저절로 터지는
별빛 한 봉지
바람에 홀씨 되어

기억 밖 미궁으로
날아 가버린
너의 얼굴은
화려한 보석이어라

## 그 자리

봄이 머리를 내밀고
쉽게 가려고 하지 않은
겨울의 뒷자락
찬바람 쫓아내고 있다.

봄은 왔건만
이 현란한 세상 속에
마음 아직 빙점에서 서성이고
아름다운 별이 쏟아질 것만 같은 그 자리

마음 포근해지는 그곳
기억 속에 살아 나오는 그 자리
걸음걸음 생명의 숨결이 머물고

다시 돌아보면 흔적조차 없는
내 생명이 남아있는 그 자리
지금 갈수 없어 멀 게만 느껴지는 곳
어느새 해는 서산을 넘으려 하는데

그림자가 희망이 되고
작품이 되고
예술이 되는
영혼 속에 생명의 물이 흐르는 강
그 자리에 머물고 싶다.

## 동백꽃


도솔 암 너머 마애불 앞
스님 잔뜩 허리 구부리고
고해苦海만한 절 마당을
건너가는 해질녘

선운사 대웅전 뒤뜰 언덕
매서운 꽃샘바람
온몸으로 막아내며
피를 토해내고 있다.

초봄을 맞이하는
어린 신부
미적거리는 눈밭을
꽃가마 타고 간다.

설레는 가슴
초야의 떨림
친정집이 통째로 떨어져
다시 또 피어난다.

온몸을 부리로
사랑을 표현하는 동박새
몸을 맡긴다.

꽃잎 송두리째 떨어져도
붉은 눈물 머금고
다시 일어서리라.

# 사랑의 연서

애달프고 아쉬운 사랑의 연서
추억을 돌이켜 보는 나이가 되어
애증도 없이 타오르던 첫 마음
보고 싶은 많은 사람 중에
더 보고 싶은 사람은
아직 가슴 속에 지워지지 않은
젊은 날의 사랑의 연서일겁니다.

보고 싶은 간절함은
머리 색깔만 하얗게 만들고
햇살 따가워 질수록
안개는 자취를 감추고
내 가슴에 그물망에
출렁대는 그대

사진첩 속 선명한 얼굴
어느 하늘아래 가을빛을 받고 있을까?

내리막길로 달려가는 시간들
낙엽을 쓸고 가는 바람 소리가
밤마다 허무한 울림이 되어
가슴을 파고든다.

# 길

인생살이가 행진 같다면
얼마나 좋을까?
우듬지처럼 쑥쑥 자라는 인생길
천천히 빈틈없이
걸어가는 것이 바른 길이 아닐까요?

평탄한 길보다
고갯길이 더 많기 때문이 아닐지
인생 연습도 없이
나 홀로 걷는 마음이 늘어갑니다.

뒤 돌아 볼 수도 없고
주춤 해서도 안 되며
후진하는 길도 없고
유턴도 없다

오직 직진하는 길만 있기에
늘어나는 나이테를
지울 수도 바꿀 수도 없다

지나온 길을 떠올려 보니
잘못 선택도 확연하게
느끼는 감성도 되살아난다.

정직하게 바른 길만 걸어가도
뜻대로 되지 않는 것은 숙명일까요?

하늘이 높아지는 것을 보니
가을 혼 불 쓰러져가는 만추
곧 벌거벗는 나무들과
마주하게 되겠지만

지금 이 순간
허무한 마음 지우렵니다.

# 정 두고 온 자리

마음이 여유로 울 때
가끔 내 맘 머물고 있는 자리가 생각난다.
숨 가쁘게 돌아가는 현실에 묻혀
지난날 스토리를 떠올려 본다.

과거를 되새김질하는 나이
그 옛날 떠오르는 사람들
때론 눈물 속에서 아른거리고
다시 들추어 보고픈 얼굴들
체온을 느끼러 가고 싶다.

장독대엔 봉숭아 꽃
뒤안 늙은 밤나무
마당엔 흙냄새
머리 감겨주던 울 엄마
손길도 그려본다.

고향으로 돌아가는 마음
어디로 가야 그 마음 찾을까요?
추억에도 관성이 있는가요?
내 맘속의 본적지를 서성거리며

감각을 넘어선 그 시간의 실체
바로 나 자신의의 신체가 아닐까?
주머니 깊이 숨겨둔
추억 한 다발

## 넷 쌍의 산행 길

푸른 하늘을 제압하며
무거운 나이를 짊어지고
넷 쌍의 친구와 강원도 여행길이다

마지막 높은 산 여행일까?
아카시아 꽃향기 가득한
자유로운 세상

부지런한 계절이 피어낸
얼러리 꽃 수줍은 모습은
잠시 함께 함을 기뻐한다.

이슬 같이 맑은 공기
계곡 물소리 속으로
몸을 담그며

자연과 함께 되어
바람을 머리에 이고
오르는 곰배령

오르고 오르다 보니 1164m
천고千古를 지켜온
정상이다

곰배령은 말 한다

내려가거든 때가되면
육신마저도 버릴 것이니
욕심을 결행하라고

홀아비 바람 꽃
개불알꽃도
바람에 고개를 끄덕인다

아 ~ 서글픈 세월이여…

# 그대는 뉘신가요?

문지방 사이에서
서성이는 그대는 뉘신가요?
남쪽에서 풍겨오는
낯 설지 않은 향기
혹 봄내음 아닌가요?
익숙한 내음이기에 솔깃해집니다.

시간에 떠밀렸다가
남풍에 되돌아오는
고운 얼굴 여전하네요.
향기 또한 그대로고요

그대를 기다리며
부활을 꿈꾸는
새싹과 꽃들을
잘 살펴봐주세요.

다가오는 그대의 모습은
변함없이 그전 그대로 입니다.

## 오색 약수터

맑은 공기 가슴에 가득 담아
돌고래처럼 가쁜 숨 뿜어대며
바위산 골짜기를 오른다.

구름이 조금 씩 조금씩 걷히며
바위산 봉우리를 보여주는 자연
그림자 더듬으며
바위 속살까지 파고드는
심천深淺의 물 한 모금으로

버텨온 허리 굽은
늙은 소나무 한 그루
작은 세상이 더욱 새롭다

철쭉꽃 시들고 나니
오월 사랑에 빠진
아카시아 꽃

벌 나비 입맞춤으로
절정에 치닫는다.

# 고맙습니다

없는 것이 내 등 뒤에 있다
바위보다 더 무거운
내 심장에 내리던
거센 눈보라가

그러나 어느 순간부터인가
미완성의 물질이
봄눈 녹듯 녹아내렸다.
그분의 전능은 이미 드러난 것에 있지 않다

이 기쁨
어찌 말로 다 할 수 있겠는가?
있어야 할 것을 있게 하고
없어야 할 것은 없게 하고

허약을 돕고 용기를 주고
따고나면 또 열리는 등불
나를 인도하는 문
소생케 하는 힘을 주셨다

고맙습니다.
끝없는 항해
지금은 태풍 없는
항구에서 기도하며 삽니다.

## 보이지 않는 사랑

달콤한 향기 찾아서
밤마다 코를 벌름거린다.
자신도 모르게 토해낸 눈물

흔들리던 이파리 몇 개가
별빛 짧은 입맞춤처럼
아린 가슴 감싸니
바윗돌보다 더 무겁게
떠오른 달빛이 솜사탕처럼 녹아내린다.

보이지 않는 내 사랑이 일렁일 때
내 마음 또한 나도 모르게
요정의 날개 위로 반짝이고
가슴 깊이 묻어둔 사랑이
타오르는 열정과 함께
가슴을 파고든다.

빛바랜 추억을 보듬으며
늙어버린 내 사랑의 영혼
내 마음에 식어가는 촛불 밝혀
사랑은 그런 거라고
넘어져도 울지 않으련다.

## 약속

약속은
자신과의 시간이
한정되어 있다.
무언의 메시지기에
제대로 지킬 줄 알게 될 때
남에게 신뢰가 쌓이고
비오는 날엔
빗방울 하나하나에
눈 오는 날엔
눈송이 하나하나에 전해질 때
자신이 가장 소중하고
귀한 존재이듯이
최고의 신뢰가
지켜질 것이다.

## 잊을 수 없는 흔적

깊어진 주름살
잊혀져가는 이름들
조상의 뿌리가 있는 곳을
서성거려왔던 흔적들이
지금도 꿈틀거린다.

겨울을 버텨온
이름 모른 야생화처럼
항상 내 안에 끈질기게 남아있었다.

그 시절
내 마음 설레게 한
동네처녀 수줍은 모습처럼
꽃으로 환생하곤 한다.

# 봄비

소록소록
허공에서 투명한 물줄기 타고
쉼 없이 내린다.
겨울 내 얼어붙었던
풀뿌리들이 부스스 눈을 뜬다.

슬몃 내리는 봄비
떨어지는 낙수 물 소리는
자유로운 영혼을 갈구하며
연초록 건반 끝 펼쳐진 보슬비의
연주솜씨

푸른 이파리에 스며든 채
처마 끝에서
방울방울
실로폰을 두드린다.

느닷없이
불현 듯 떠오르는 얼굴들
서로 만나
도란도란 차 한 잔 마시고 싶어진다.

# 천국의 계단

바람과 구름은 늘 같이 움직인다.
바람처럼 왔다가 또 바람처럼 사라질 육신
나무는 물기가 사라질수록 견고하나
육신은 마를수록 초경량을 향한 질주일 것이다

그래도 못내 아쉬워 잡은 손을 놓지 못하고
바람 속으로 사라지는 목숨
오매불망 일편의 희소한 바람
무생물의 결단은 극단적이나
인간은 수명을 다한 목숨 이였을 게다

수평선 너머 부러진 바다와 구름
천국의 개단을 향하여
바람타고 움직이는 비극의 사랑
갈대가 부러지지 않는 가닥은
바람이 비켜가기 때문일 게다

출렁거리는 파도위에
조각배 탄 나
어느 날 수평선 너머에 이르렀을 때
천국의 계단을 오를 게다

## 안양천 꼬마 장미

한강으로
흘러가는 안양천

좌우 넓게 펼친 푸른 천변
머리칼 흩날리며
달리는 자전거

거대한 공장 손가락들이
쑥쑥 자라서 빌딩숲이 되었고

양천구와 구로구의
경계선 하상 공원
작은 그림자처럼
키 작은 꼬마 장미

붉게 피를 토하듯 피어
맹꽁이 울음소리와 어우러져
혈통이 궁금해진다.

어린 시절
장미가시에 찔렸던 순간들을
떠올리며
혼자 웃는다.

## 코로나 바이러스19에게

욕심 없는 마음으로
행복의 세계를 바라보며
꿈은 희망이 되고
희망은 행복이 되어줄
삶이 머문 길에서

봄꽃들은
활짝 피었지만
코로나 바이러스 19로
우리들은 감옥살이 한다

한낮 포근한 햇살로
잎 새들은 푸르러 지지만
죽음보다 더 극한 아픔
만나야 할 사람
만날 수도 없으니

빗장열린 코로나19
망령의 문 고쳐 닫을까?
꿈이라도 좋으니
잠시 여행이라도 다녀오렴.

# 나의 삶

거친 파도를 이겨낸 운항을
시련이라 생각하지 않는다.
앙상한 나무 가지에 매달린
흔들거리는 마지막 잎 새
바라볼 수 있는 여유를
가지게 되었다는 사실이
믿기지 않을 때가 있었다.

살아오는 동안
젊은 혈기로 세상을 다가진 것으로 착각하며
제 멋대로 날뛰던 때가 있었다.
하는 일마다 꼬일 때마다
남을 원망하며 살아왔었다.

많은 경험을 통해
세상사는 지혜를 터득해왔다.
이제 남은 미래는
이웃들과 즐겁게 지내며
편안한 노후를 보내고 싶다.

# 여울목


낮은 곳을 향해
달려가는 물길
산골짜기를 굽이 돌아
여울목에 이르러
잠시 쉬었다가
물은 다시 강으로 흘러간다.

막아서는 바위 주위를 돌아
낭떠러지에서는 힘차게
떨어지면
소리를 지르며
여러 지류가 모여서
강을 이루고 강물은 다시
바다로 흘러간다.

여울목에서 태어나
물길을 따라
넓은 바다 구경을 하고
귀향하는 연어가
다시 찾는 여울목

연어가 대를 이어가는
터전이다.
고향으로 귀향하는 연어는
알을 낳아
대를 잇고
숨을 할딱거리며 죽어간다.

여울목은
어둡고 쓸쓸하게
生과 死의 갈림길
만나고 헤어지는 곳
연어의 종착역

# 어느 날 문득

어느 날 문득 어둠이 찾아와
분주함마저 종적을 감추고
두근거리는 가슴 억누르며
익숙한 얼굴이 맺혀있다

그때 그 끓는 피
사랑 아니면 아무것도 아니고
이룰 수 없다고 신봉하던
그 믿음을 다시 되돌아보니

오래된 고목처럼
초췌한 모습
사랑은 그대로 남아있건만
그 마음 어찌 잊을 수 있을까?

목에 걸린 가시처럼
넘어가지 않는 아픔
추억이 여진으로 흔들거린다.

영원히 꺼지지 않는 불꽃으로
남았으면 한다.

## 찔레꽃

춘정을 이기지 못한
봄날
산모퉁이 돌다보면
능선 마지막 허리에

하얀 그리움 하나
벌 나비 부르는 향기는
양지쪽 기슭에
바람도 잠깐 쉬어가는 곳이다

눈부신 햇살
다소곳이 고개든 순간
오래전 한 겨울에도
별들이 모여 놀기 좋은 곳

그윽한 향기 통해
별빛 희미한 밤에
영실을 맺기 위해
꽃가루 날리려나.

# 보리밭

하늘 높이
날아오르는 노고 지리
바람결에 흔들리는
평화로운 시골 향기
겨울을 이겨낸
푸른 초원은
시나브로 이어놓고
한결같은 사랑을
더 이상 외면할 수 없어
엄마의 다정한 말처럼
평화롭고
바람 따라 일렁이는
보리 밭 물결은
한 폭의 그림이자 향수입니다

# 오월

탄생부터 예사롭지 않았던
꽃의 여왕
사랑에 목숨 걸었던 오월
빨간 입술로 피어난다.

찔레꽃 향기도 달콤한데
마음 것 사랑하고
마음 것 피어나는
그대

매혹의 향기 품어내는
변함없는 빨간 젖가슴
예전 같지 않지만
성모성월에 피어나게 하소서

## 연분홍 코스모스

신작로 길가
코스모스 한들한들
내 마음 속
짝사랑이 다가와
어른거린다.

마냥 들뜬
젊은 날 가을 하늬바람
살랑살랑
연분홍 코스모스
곁을 맴돌며 다녔다.

지금도
뿌리 깊은 벌판에 서면
뜨거워지는 마음
아직 식지 않고 그대로 남아
강남 떠날 새끼 제비
날개 짓한다.

# 2부

/ 고향 생각 /

소리 없는 전쟁 / 노을을 바라보며 / 가을 낙엽 / 목련의 삶 / 매미의 일생 / 남매간의 우애(友愛) / 인생 마지막 길 / 만남과 헤어짐 / 모정(茅亭)을 생각하며 / 그대여 / 장형의 영면(永眠) / 노숙인의 삶 / 나의 허물을 벗기며 / 인력시장 / 젊은이와의 여행 / 안타까운 믿음 / 잊혀져가는 친구 / 옷섶에 묻어나는 봄 / 고향 생각 / 떠나버린 사람아 / 자화상 / 행복이란 / 가슴에 새기는 세월

## 소리 없는 전쟁

눈에 보이지 않는
독재자가 나타났다
사람들을 하찮게 여기고
가지고 놀고 있다.

총칼 없는
보이지 않는 전쟁
매일 지구촌을 뒤흔들며
숨통을 조이는 바이러스

마스크 하나로 버티며
가족과도 생이별이다.

사람들이 맥없이 서서히 죽어가고
하얀색 차도르를 둘러쓴 의료진들도
몸을 사린다.

뿌리 없이 흔들리는 부평초 잎 새도
물 고이면 꽃을 피듯이
절망의 눈물이란 없느니라.

기다리자 백신을

## 노을을 바라보며

해거름
고운 빛 그림자
하늘과 바다를
황금색으로 물들이면
억새꽃 깊은 한숨으로
파도소리 잠재운다.

엄마의 품속같이 부드러운
풍랑 없는 고요의
노을이여
깊은 심해에 머물며

지금은 비록 식은 석양이 되어
돌아 눕지만
내일이면 보란 듯
빨갛고 동그랗게 떠오르리.

## 가을 낙엽

가지마다
나뭇잎을 달아두고
날마다 떠오르는
해를 맞이하더니
이제 이파리들이 빛을 바랜다.

쌀쌀한 가을바람
하나 둘
나뭇잎을 떨구고

바스락바스락
땅바닥에 뒹구는
나뭇잎들

뜨거운 사랑에 빠졌다가
스스로 시들어버린
가을연서

## 목련의 삶

그대의 미소를 사랑 합니다
어린 아이처럼 순수하게 피어
우리 마음에 자리하고
순정을 한 아름 안고
상한 영혼이여
잎과 만날 수 없는
슬픈 눈물
높은 하늘 바라본다.

무한한 상상력을 발휘하여
허공에 부풀어 올라
애처어운 눈빛으로
장렬하게 산화하며
크게 떨구는 꽃잎 한 장
영원한 눈물이어라

## 매미의 일생

욕망의 꽃을 피우기 위해
열정을 쏟아 부었던
그토록 오랜 시간을
어두운 곳에서 꿈틀 거리며 살았다

지루했던 시간도
징그러운 껍질을 벗기 위해
참고 또 참았다

얼마나 많은 세월을
땅속에서 버텼는지
지구가 도는 것도
까맣게 잊고 살았다

거추장스러운 허물 벗고 세상에 나와
삶이 햇살 찬란한 행복인줄 알았는데
주어진 시간은
겨우 일주일 이라니

울다 지쳐
흐트러진 조각들을
모아보지만
이 세상 다 허물과 껍데기인 것을

## 남매간에 우애友愛

비워야 채울 수 있다.
미움과 사랑도 비워야
채울 수 있지 않겠는가?

남은 것은
낡아 상처가 되기도 하고.
뉘우침이 되기도 한다.

서로 놀이 하다가
얽히고설켜 풀지 못한 매듭 하나
이제 겨우 실마리를 풀고 나니
시나브로 흔들리고
곰비임비 하는구나.

어느 것이 미움이고
어느 것이 사랑인지
잘 모르겠다.

우리는 한 어머니 뱃속에서
태어난 핏줄,
남은 시간을
서로 위하는 마음으로
곰비임비 하자구나.

## 인생 마지막 길

일흔 줄에 접어섰다.
젊음은 추억의 깃발이 되었다.
지금은 노을빛이 물들어 흔들거린다.
영원히 바람결에
세차게 흔들어댈 줄만 알았는데
나뭇잎 떨어지는 소리가 들린다.

세찬 깃발의 펄럭거림이
바람의 힘인 것을
주머니 두둑하다고 폼 재어본 때도 있었다.
이제 바람이 불지 않는 여름
깃발이 힘을 잃었다.

한눈 파는 사이
다급한 사연 들고 달려온 바람
마음은 젊음 그대로인데
어라 황혼이 내린다.
이젠 세월마저 허물어 버린 마음
몸이 내 맘대로 따라주지 않는다.

움츠리고 있을 수만은 없다.
살아온 날보다
살아갈 날이 더 짧지만
가는 날까지
하루를 백년같이
알뜰하게 노을빛으로
살아가련다.

## 만남과 헤어짐

우리 주변에서 자주 보는 일
사람이 살다가 보면
서로가 잠시 떨어져 만나지 못하는 경우도 있지만
아예 영영 만날 수 없는 경우도 있다
누구의 잘못이든
아니 헤어짐이 정해진 일이든
서로 마음 아파하는 일이 없었으면 좋겠다.

마음하나 바꾸면
서로가 하나로 어깨동무 할 일인데
인연을 끊어 스스로 초라해지는 건 아닌지
비우면 되는 것을
왜 비워지지 않는 건지
그동안 정 담아
서로 오가던 징검다리인데

마음하나 다스리면 되는 것을
어찌 그렇게 견고한 담만 쌓으려고 하는지
조금은 비틀어져도 되는 것을
왜 그렇게도
제 고집만 피우는 건지
징검다리 두드리며 건너가렵니다.

## 茅亭(모정)을 생각하며


산을 감싸고 지키고 있는
울창한 원시림
우주를 설파하며
바람 길을 열어준다

검은 색은 이미 가버린 시간
그래서 인가요.
영혼의 손을 잡으려 해도 보이지 않고
자녀들 적막으로 일가—家를 이룬다.

둥근 안 팍은 적막했고
모두는 수렴 되었으나
허전하고 쓸쓸함은
깊이 퍼져 나간다.

나는 들었다
보리 고개 그 시절
지나는 걸인에게
배 곱은 주민에게 베풀었던
당신의 원숙한 삶

주민의 마음속에 남겨진
모정(정자)은
더 깊은 깨우침으로
당신의 무게를 느낍니다.

바위를 베고 주무시는
유난히 사랑했던
당신의 해맑은 미소는
아직도 눈앞에 아른 거리는데

부드러운 숯가루로 변모하는 소리
영혼은 어둠속에서도 빛나야 하는데
생명 없는 사물의 안색
이젠 하늘에서 홀홀 털어버리고

지금은
죽은 나무뿌리를 적시고 있지만
다음엔 천상의 누각에서
우리를 반겨 주소서

# 그대여

세월의 흐름은
닳아 헤진 고무신짝처럼
보잘 것 없는데

첫 사랑을 생각할 땐
뚜렷한 발자국 소리가
들리지 않아도

가쁜 숨을 몰아쉬는
심장의 박동 소리가
왜 가깝게 느껴지는지

어둔 밤눈을 감고 달리다가
다시 돌아본 기억

이제는 희미한 기억 속
당신의 얼굴과 이름 석 자
꼬리만 보이는 주름진 삶

지금은 텅 빈 하늘에 떠있는
하얀 구름 되어
하염없이 흘러간다.

## 장형의 영면永眠

기억을 더듬어 찾아본다.
당신의 군 생활 휴가 때
작은 아버지 인사 차
어린 내 손잡고 들에 간 기억이
아직 식지도 않았는데,

해와 달이 수없이 바뀌는
세월 속에
하늘의 명을 받고
고향(삼봉)으로 돌아가는 육신
까닭이야 알 순 없지만

낭떠러지 외길 따라
바닷물이 출렁이는 언덕 위
아무렇게나 자란
키 작은 소나무들과
조화를 이룬 산등성이에

할아버지 할머니
당신의 부모 아래
영면 하시는 모습을 보면서

왜 그리도 형제들에게 혹독했는지
빨라지는 당신의 발걸음이
야속하기만 합니다.

척박한 환경에서 자라
무거운 짐을 지고 사는 일에
이골이 났다 해도 과언이 아닌
적지 않은 고달픈 삶이였지만
자식의 덕으로 살만하니

저만치 앞서가는 세월을
비켜 갈순 없었나 봅니다.
당신의 짙은 향기 사라지고 없다 해도
영원히 잊지 못할 장형으로 존재할 당신
희미한 그림자라도 남고 싶은 내 모습은

빛바랜 사진 하나로
얽히고설킨 풀지 못한 매듭 하나
겨우 실마리를 풀고 나니
정해진 이별의 아픔 이지만
서러운 마음뿐입니다

## 노숙인의 삶

비록 갈 곳 없어 지하도에서
하룻밤 눈을 붙이지만
수없이 오르다가 미끄러져
여기에 이르렀다.

한 때는
팔팔한 새싹이었고
남들 앞에서 떵떵거리며
뻐기는 때도 있었으리다.

지금의 막막한 삶
울고 싶은 심정을 구걸한 술로 달래며
내일이 없는
막막한 생활을 한다.

긴 겨울 지나 꽃이 피고
뜨겁게 달아오르다가
붉게 물들어 가는 계절
똑같이 느끼는 같은 시대를
살아가는 사람들

살다보면 어느 날 인가
찬란한 햇빛 받으며
다시 일어설 날이 있을 게다.

저 사람의 생활에서
운 좋게 살아온 나를 본다.

## 나의 허물을 벗기며

날이 어두워지면 불을 켜듯이
마음의 방에 불을 밝히고
묵혀둔 희망을
하나하나 찾아낸다.

너무 오랜 시간
내가 옳다고 고집하면
고래 심줄처럼
아집이 앞선다.

다시 마음 고쳐먹고
새 사람으로 태어나려고 노력했지만
한번 물든 습성은
쉽게 변하지 않았다.

이젠
위험한 곳을 가면 몸을 낮추고
어려움이 닥치면 더욱 겸손해지고
현명한 내가 되었으면 한다.

다른 사람의 말에
귀 기울이고
마음에 새기면서
이웃을 돕고 살아갔으면 좋겠다.

허물 많은 삶
누에처럼 허물을 벗고
누에고추가 되는 삶을 살고 싶다.

## 인력시장

오늘도 일품을 팔려고
새벽부터 인력 시장엔
가방 하나 등에 메고
사람들이 몰려든다.

코로나 정국 속에
오늘 하루도 일품 팔 곳이 없다고
뒤돌아 가는 발길
술로 하루를 버티는 고질병

오늘 품 팔 데가 없다고
내일이 무너지는 것이 아니다.
믿음을 거듭 쌓다보면
산 입에 거미줄 치겠나

어려울 때 영웅이 나온다고
자기를 잘 다스리면
언젠가는
탄탄한 일자리를 얻을 수 있겠지

어느새 손에 익은 삽 한 자루
그리고 나를 기억하는 가족들
작은 사랑을 나눌 수 있는
저녁 밥상을 생각한다.

## 젊은이와의 여행

인천공항을 떠나
멜버른에 도착했다
계절의 변화를 느끼며
젊은이의 끼어
세월의 흐름도 알 수 있었다.
자식의 덕으로 처음 밟은 땅 호주
우리 부부의 육체와 정신 건강까지
좋은 환경 속에서 마음부터 행복했다

마음의 밑바닥에서
시들어가는 행복을 꺼내
저금하면서
삶의 희망을 키웠고
마음이란 참으로 오묘하기에
세상을 바라보면서
한없이 아름답고
살만한 가치가 있었기에
쉽게 무너지지 않는
인내의 모습이 누구보다
행복의 열매가 살찌고 있었다.

## 안타까운 믿음

우주에는
여호와의 권능이
가득한데
광화문 광장에
사악한 목회자의
영혼이
어둠 속에서
악마의 형상을
닮아가고 있다.

# 잊혀져가는 친구

너와 나
서로의 가슴 속에
눈처럼 사르르 녹아 사라질지언정
서로를 위한 사랑
빠른 걸음으로
가까이 다가서서
따뜻하게 서로를 부둥켜안고 싶다.

사랑하는 친구 위해
내 마음 어귀에
솟대하나 새우노니
아름다운 인연을
놓치지 말아야 할 시간이다.

한 동내 깨복쟁이 친구가
돈 몇 푼의 의견 차이로
세상 떠난 친구 선물
통째로 나누어 삼키다니
해와 달은 상대를 지켜주고

서로 위하고 사랑하는데
초점을 맞추지 못하고
한 평생을 등지고 살겠다는 말인가
무언가가
사라질지도 모르는 그 순간 말이다

## 옷섶에 묻어나는 봄

생동하는 뜨락에
순간 그려지는
아지랑이를 보며
마음 풍경을 그려 본다

무언가 들리고
느껴지는 소리
옷섶에 묻어나는
작은 사랑

그리워하는 마음실어
온 누리에 퍼지는
작은 숨소리
새 생명을 잉태 한다

# 고향 생각

봉대산 꼭대기에
피어오르는 뭉게구름
고향 생각
펼쳐놓고 있다.

칠산 바닷물의 원류
구름도 바람도 쉬어가는
아늑한 곳

이젠 늙은 바람이
반겨주는 고향
엄마 품에 안겨
젖을 빨 던 작은 동래

덕림♡

# 떠나버린 사람아

따스함이 전해져오는
머그잔을 잡으면
편안함이 느끼듯
은은하고 훈훈한 정겨움
그 깊은 사랑을 두고
떠나버린 사람아

험한 세상 파도에서
휩쓸려 사라지지 않고
지금까지 살아 왔는데
내게 손 한번 잡아주지 못하고
말없이
떠나버린 사람아

누나야
숨은 그림자 모퉁이에서
우리 싸웠던 생각

미움은 결코 사랑인 것을
저 수평선 끝에 가면 만날 수 있을까?
내게 말 한마디 없이
떠나버린 사람아

## 자화상

살아가는 이유도 모른 채
동분서주하는 날이 많다
수많은 시행착오로 인하여
허우적거리는 꼴이 부끄럽고

무지의 덫에 걸려
우왕좌왕 할 때가 한 두 번이 아니다
뒤돌아보면 웃어넘길 일도
화내고 언성 높이고

마음 추스르지 못한 내가
부끄러울 때가 많다
풀리지 않은 삶의 질곡
오묘하고 신기하고

때로는 담담하기도 하지만
좋은 친구들이 있기에
더 살아볼 가치가 있는 게 아닐까
희망은 언제나 몸통을 가리고

꼬리만 보이기 때문에
이젠 꼬리라도 붙잡고
아름다운 친구들과 함께 어우러져
뒷 모습이 아름답게 보이는
그런 삶을 살아가고 싶다.

## 행복이란

우리에 행복에는
나이가 젊은 것 만도 아니고
묵묵히 지켜주는 사랑만도 아니다
언제라도 고민을 들어줄 수 있고
어두운 마음을 행거내줄 수 있는
친구를 사귀는 것이 행복이다

죽음을 향해 다가서는 시간들
늙어서 무슨 여행이야 하겠지만
우리는 청춘을 다 받치고 돈에는
자유로울 수 없기에 가진 것 쓰고
가족과 갈등 없이 즐기는 것이
행복이다

돈이 없다고 즐거움과 행복이 없는 건 아니다
특히
친구를 잃지 마라
단 한 명의 친구를 만들 수 있다면
그 인생은 성공한 것이라는 말이 있다

노년은 자신이 먼저 친구에게
그런 친구가 되어야 행복하다

오랜 기다림 끝에 찾아온 행복
눈과 귀가 어두워지면
후각마저 둔해져
상처만 남는다.

바람아 불지마라
세월아 멈춰다오
태양아 지지마라
꽃은 피었다지고
부엉이 소리에 놀라도
달래줄 방법 없어 안타까운 마음뿐이다

개나리 진달래피고
장미꽃 아카시아 꽃 피고 나면
국화꽃 예쁘게 피어 영상에 놓으면
오차 하나도 없이 인생의 시간은 끝이다

## 가슴에 새기는 세월

어제는 땡볕이었는데
오늘은 천둥번개로
바싹 말랐던 가슴
촉촉해 진다

새로 돋아나는
삶의 생명의 파장들
돋아났다 사라지는
수많은 흔적들

늙은 세월
하얗게 변해가는 기억을
놓치지 않으려
애써본다

이젠
마른 화분에 씨를 심고
눈물로만 물을 주며
시 한 모금 마시면서 사련다.

# 3부

/ 질경이 같은 당신 /

선인장 / 바다의 일상 / 질경이 같은 당신 / 커피 사랑 / 동해바다 정원에서 / 부부의 행복 / 첫 사랑 / 흘러간 시간 / 운명처럼 만난 당신 / 여행 / 나를 구속한 사람 / 겨울잠 자는 나무들 / 당신은 알고 있나요 / 쓴 맛에 담긴 사랑 / 새가 죽어가는 유리벽 / 가을에 만나는 그 사람 / 이별을 준비하는 계절 / 그대 / 고드름 / 인생 2막 / 석류 가을 연정 / 만추의 서정

## 선인장

뜨거운 햇볕
메말라
먼지만 날리는 땅에서
살아남기 위해
온몸에 덕지덕지
가시 품고 살아왔다.

가시로 목마름을 버티며
백수를 누리다가 가는
백년 초

가시로 목마름을 이겨내고
가시 품고 살아오면서
꽃을 피우는 마음은 늘 겸손하다

온 몸으로 받아들인 태양
그래도 수줍게 피어나는 빨간 꽃
사랑의 열기를 삼키며

황무지에서는
줄기와 가시로
기묘한 풍치를 꾸며놓고 있다

# 바다의 일상

사랑과 추억을 삼켜버린
멀어져 가는 바다여
짓밟고 또 짓밟은
마지막 남은 한줌의 사랑과
청춘마저 삼켜버린
바다의 일상들

뒤집는 저 들뜬 색깔
벌거벗은 도발의 춤이
갈기갈기 찢기는 구나

영겁의 시간 속에
모든 시련 이겨내고
보이지 않은 교훈 하나
슬픔도 괴로움도 견뎌야 했던 것은

인내의 걸음을 늦추지 않았기에
묵묵히 바라보는 여유가
이제야 겨우 생겼다

끝없는 삶의 수치
깊은 계곡까지 흘러 넘쳐
어둠도 아름다움으로 승화되어

지금은 하나님께서 지혜의 샘물가로
인도 해주셔서
상상의 나래를 펴며
잰걸음으로 걷고 있다

## 질경이 같은 당신

삼복더위 열기 풍기던 날
낯선 도시에서
운명처럼 만난 당신
우리의 만남을 한 올 한 올 엮어본다.

순탄치 않았던
지난날 뒤 돌아보며
빛바랜 사진첩을 꺼내본다.
눅눅한 곰팡이 냄새
어둡고 습기 찬 방에서 살았던 기억
사진첩 속 마른 질경이 잎

꿈도 많고 목표한 일을 이루어내려고
끈질기게 노력하던 당신
살갗 얇아지고 처진 눈주름
말하지 않아도 대견 스럽다오

두 아들 앞날 위해 딸라 돈으로
등록금 내고
남편 사업 자꾸 좌절의 구덩이로
한없이 빠져드는 시간 속에서도
밤이슬로 치료하고 일어서는 질경이
빛바랜 사진 속에
아직 지워지지 않았지만
당신의 멋진 모습
지금은 자랑스럽소

## 커피 사랑

쓰디 쓴 커피 한잔
서로의 체온을 따뜻하게 하네.
그윽한 향기
뿌리치지 못하고
첫사랑 떨림으로 혀끝에 전해지는
톡 쏘는 아린 맛

진한 향기
이제 깊이 빠져들었네.
잘 걸려낸
커피 맛
기가 막힌다네.

연인과 마주앉아
혀끝에 감도는 맛으로
밀어를 나누며
찻잔을 내려놓을 땐
또 다른 만남이 이어진다네.

## 동해 바다정원에서

붉은 하늘
시린 새벽 공기를 가르며
고기잡이 나가는 통통배
외로운 나를 건진다.

대지도 바다도
하늘을 나는 갈매기도
해 돋는
우주의 아름다움을 삼킨다.

바다 정원과 나
아름다운 인연으로
백사장 솔밭 벤치는
그림이 아니었다.

나는
모래 같은 파도 끝을 만지면서
조심스러운 맘으로
옛 연인에게 하고픈 고백처럼
시를 읊는다.

## 부부의 행복

누구나 살면서 가슴 한 쪽이
무너져 내리는 것 같은
통증을 느낄 때가 있다.
모두들 속마음을 감추고
애써 웃고 있을 뿐
어렵고 힘들 때
서로 위로하고 격려하며
의지하면서 사는 게 부부 아닌가?

우리들의 생활은 일기 예보처럼
궂은날이 있으면 맑은 날이 있듯이
불행 속에서도
반드시 행복이 찾아오는 것이 아닌가?
혼자는 외롭고 쓸쓸하지만
부부는 외로움도 사랑도 서로 나누는 법

그래서 부부는 한 마음
둘이 하나 되어
서로 사랑하며 의지하면서

서로 돕고 베풀고 즐거운 마음으로
행복을 스스로 가꾸어가는 것이 아니겠어요?

재산이 많다 해도 죽으면 그만이요
인물이 좋다한들 죽으면 그만이지요.
조금 못나 보이는 모습도
인정하고 받아드리면서
마음 아파 눈시울을 적실 때
눈물을 닦아주며 함께 울어주는 손길,
그런 마음 하나면 행복한 가정 아니겠어요.

# 첫 사랑

언제쯤이었을까
내게 첫사랑은
양지쪽 햇볕보다 따뜻했다
유난히
그녀가 눈에 띄는 순간
보이는 건 모두 꽃이었다.

두근두근 설레는 가슴
코끝에 스미는 낯익은 향기
하고픈 이야기는
꺼내지도 못한 채
머뭇머뭇

뼛속까지 스며든 사랑
허공을 떠도는 고추잠자리처럼
몇 바퀴 돌고나면
흩어진 꽃향기에
뿜어내는 열정은
좀처럼 식을 줄을 몰랐다.

지금도 내 감각의 나침반은
그 향기에 맞춰져
식지 않아서 나를 괴롭힌다.

# 흘러간 시간

생활에 얽매여 시달리다 보니
어느새 내 나이
일흔을 넘겼다.

가끔은 헤매다가도
그래도 살아 있다는 것을
알리기 위해

지나간 것들을 모두 잊고
열심히 움직이고 있다.

서로가 건네는 한마디의 말,
따뜻한 눈길을 주고받았던
정겨운 시간들
우리들 가슴속에 꽃으로 피어난다.

이제 세상을 알만 하고
어떻게 살아가야 할지
정답을 알만하니

지나간 순간들이
아쉽기만 하다
좀 더 잘 할 텐데
좀 더 친절해야 했었는데
아무리 후회해도
가는 시간은 되돌릴 수가 없구나.

## 운명처럼 만난 당신

인내하고 걸어가다 보면
어려웠던 시절이
세월 속에 녹아들고
돌이켜보면 아름다운 인연 이였기에
당신의 존재를 알게 된다.

어느 날 낯선 도시에서
앞도 보이지 않는
눈보라 속에서 만난 당신
함께 살 수 있는 건
하늘이 준 운명 이였지

살면서 힘들고 지친 날도 있었고
좌절로 구덩이에
한없이 빠져드는 시간들
빛바랜 나의 머릿속엔
아직 지워지지 않았지만

어차피 가야할 길이였다지만
당신의 굳쎈 의지와 결단으로
앞만 보고 달려온 세월이
때론 후회하기도 했었고
피곤한 날개를 접으려고
망설인 날도 많았지

지금은 노을이 지고 있지만
두 아들의 사는 모습을 보면서
행복을 느끼고
우리 함께 바라보는 눈길도
사랑으로 넘치니
이젠 나이가 든다는 사실을
부정하고 싶지 않다

# 여행

인생 자체가 여행이다
여행이 일상이 되어
삶도 여행이다

예쁜 꿈 하나
부푼 가슴 하나
가방마저 부풀어
가슴까지 울렁거린다.

신록의 손짓 따라
자연의 품속으로
산이 부른다.

끝없이 펼쳐진
하늘과 맞다은 바다
수평선도 부른다.

자연의 품속에
스토리가 있고
맛난 미식을 즐기며

함께하는 여행
여행은 자아를 찾는 듯
여행의 묘미를 준다

## 나를 구속한 사람

밀랍에 갇혀
완전히 구속된 나비
수갑을 채운 채
나는 너에게 구속되었다

늙은 세월동안
순도 높은 구속 생활은
사랑의 찬가인가?
삶의 찬가인가?

나를 유혹하여
태양을 불태우고
지각 변동을 일으킨 사람

누가 뭐라 해도
나를 구속한 장본인은
신촌 아가씨

## 겨울잠 자는 나무들

겨울잠 자는 나무들
꽃샘바람이 깨운다.

차갑게
따귀를 때리는
꽃샘바람

깜짝 놀라
나무가 잠을 털고 일어나
뿌리 끝에서
물을 길어 올린다.

봄봄
붐붐
가지 끝까지
두레박으로
끌어올리는 나무들

# 당신은 알고 있나요

고운 햇살 가슴에 안으며
아침을 여는 당신의 오늘은
주님의 도움으로 시작 합니다

구름이 가려도
영혼 가득히
축복으로 눈을 뜨는
당신은 복 있는 사람입니다

해가 뜨고 해가 저도
눈에 보이지 않은 공기처럼
바로 옆에 있는 그 사람
말없이 사랑하고 있답니다.

완전한 반려伴侶란 없다지만
사랑받는 것 또한
당연히 마시는 공기처럼
늘 기대하고 있답니다.

나는 당신을 진정으로 사랑하니까?

## 쓴 맛에 담긴 사랑

마음의 여유를 찾을 때
매일 함께 하는 시간
커피를 마십니다.

커피 한 잔의 훈훈함이
두 사람을 더욱 가깝게
서로 묶어둡니다.

쓴 맛을 음미하면서
서로 이야기를 나누다보면
달콤한 향기에
시간 가는 줄 모른답니다.

# 새가 죽어가는 유리벽


빌딩숲 아침
창을 뚫고 햇살이 비친다.
조화롭고 아름다움의 극치인
조각 같은 건물은 인간에겐
미美의 건물일지 몰라도

소음 방지 벽과
청색건물 유리벽은
하늘로 생각하는 새들은
지옥이다

길은 있는데
투명한 유리로 막아버린 길
새벽은 새들이 먹이를 위해
날아다니는 길이다

비명소리 없이
지축을 울리는 소리
벽이 무너진다.

주정꾼도 아닌데
벌어진 가슴 들썩이며

유리벽 속으로
숨어드는 여린 생명들
설음의 날개 접으며
스산한 노을 빛 눈을 감듯
한 생명의 생애를 덮는다.

쓸쓸한 여운이 묻어나고
마음 스산하게 만드는 건
왜 일까요?

자연은
더 말할 수없는 큰 사랑으로
품어주고 않아주는데
가족과 새끼는 어찌할까요?

# 가을에 만나는 그 사람

세월이 하도 아파해서
내 창에 실린 빛이
그 사람 따라
내 가슴에 차오르면
항상 마음을 여밉니다.

감성 충만한 그 사람
살아가는 냉정과 열정
창작은 그렇게 잉태되고
생명을 가지고 노래하기 시작한다.

물과 음악
산과 자연 그리고 사랑 시
잔잔한 흔들림은
말없는 함성이었다.

저만치 숨어있는 추억
리얼하게 달려드는
리듬소리 오는 거기서
가을을 살짝 흔들어 본다.

소리 없는 울림
깊어가는 밤하늘 별처럼
음악이 되어 만나는 그 사람
하늘에 머물다
다시 잔잔한 물결 되어 출렁입니다.

가을에 만나는 그 사람

# 이별을 준비하는 계절

실안개 솟아오르는
계곡 사이에
찬 서리 맞으며
이별을 준비하는
자연의 진리

코스모스 사이로
용광로 쇳물 끓듯
타오르는 마음
점점 더 다라 오른다.

로망으로 가슴깊이
물들어가는 삶
쓸쓸히 발아래 쌓여가고
남겨진 멋진 추억

하늘을 맴도는 고추잠자리
철새 날개 짓 따라
하늘 높이 오르고
저절로 벌어지는 밤송이

곤한 심사
삶은 그렇게 주어진 떨림 위로
이별을 준비하며
아름답게 갈무리 한다

# 그대

그대는 빛이요 생명입니다.
그대는 나의 모든 것입니다.
그리고 살아가야할 이유입니다.

날마다 해는 떠오르고
밤마다 달은 모양을 달리합니다.

그대 없는 이 세상
생각하지 못했습니다.
이 세상에서 내가 존재 한다는 것은
바로 그대가 있기 때문이다

살아가면서 힘들어할 때
그대 있음에
버텨낼 수 있었습니다.

그대는 나의 분신
나는 진정 그대 것이고
그대 안에 내가 있습니다.

그대를 통해
많은 사람을
그대처럼 사랑할 수 있었습니다.

그대가 있어
행복합니다.
항상 감사합니다.

## 고드름

뒤 안 장지문 앞
바람도 뒷길타고 부는 데
떠나지 못한 겨울 잔설
초가 볏짚 타고 녹아내리는
추녀 물방울

아침에 일어나
창문을 열면
링거주사기가 주렁주렁

봄 햇살 비추면
똑똑
봄 주사를 놓고 있다.

## 인생 2막

사랑하며 살아왔던 순간들
주마등처럼 지나갑니다.
멈추지 않는 열차를 타고
수많은 정거장을 멈추며
달려왔습니다.

같이 열차에 탄 인연으로
즐거운 일에 같이 웃고
괴로운 일에 같이 울며
어깨를 맞대고 달려왔습니다.

하나하나 스쳐온 역이
어느새 멀리도 와 있건만
내일을 향해 달려가야 합니다.

이제 내려할 역이
가까워집니다.
모든 것 접고
우리 부부 쉴 역에 내려
후회 없는
인생 2막을 준비 중입니다.

# 석류

시골 길 걷다보면
돌담 너머로
에덴동산 생명나무를 봅니다.
가을 하늘 향해
입 쫙 벌리고
루비 이를 내미는
석류를 봅니다.

하나님을 향해
할 말이 많은 모양입니다.
여성 호르몬
많다는 석류
에스트로겐이
이를 내놓고 활짝 웃습니다.
나도 모르게 군침을 돕니다.

가을이
석류의 딱딱한 껍데기를 벌려
클레오파트라 앞에
루비 보석 상자를 내 밉니다.

가을 햇살에
반짝반짝
눈이 부십니다.

## 가을 연정

코스모스 핀 길은
쓸쓸해 보입니다.

한들한들
코스모스가 옛 기억을
떠올리게 합니다.

마냥 좋아서
코스모스 길을
같이 걸었던 얼굴들이
아른아른
파노라마로 눈앞에 펼쳐집니다.

해마다
가을이 되면
코스모스는
낡은 사진첩 속 얼굴을
그때 그 모습으로 바꿔놓습니다.

## 만추의 서정

은행잎이
떨어진다.

단풍잎도
떨어진다.

떨어진 단풍잎
가을바람이 열심히 쓸어댄다.

낙엽이 데굴데굴
굴러가면서 바스락거린다.

밤이면 더욱 쓸쓸해진다.
가을 한 자락을
끌어 않는다.

쓸쓸한 겨울에
낙엽 떨어져 구르는 소리를
살며시 꺼내보련다.

# 4부

/ 소백산 산철쭉 /

가을 이별 / 아버지 / 흙으로 돌아가시던 날 / 약속 / 가을 / 겨울 참새 / 뉘우치는 눈물을 주옵소서 / 낙엽 / 유혹 / 종착역 / 소백산 산철쭉 / 꽃과 나비 / 운해(雲海) / 인연 / 벚꽃에게 / 유년의 가을 / 겨울 여정 / 내 아버지 / 봄기운 / 인생 여로 / 겨울의 노래 / 하얀 눈 / 파도가 다듬은 조각

# 가을 이별

꽃피는 자연의
섭리를 믿지 못하고
불확실한 목마름이
연약하게 흔들리는 듯

비움과 채움의 반복 속에
떨어지고 헤어지고
뜨거웠던 열정
쉽사리 사라지지 않는다.

그러나 농익어가는
메마른 감정
부활을 약속하고
다시 낙엽 되어

스산한 바람에
남기고 간 그리움
마시던 찻잔의 온기는
아직도 남아 있는데

빈자리 맴돌고 있는 침묵
초연히 사라지는
이별을 아쉬워한다.

# 아버지

똥장군을 지고 언덕길을 넘어
밭으로 가시던 당신
등에 얹힌 당신의 삶에 무게는
셀 수 없는 눈물이었을 겁니다.

강남 간 제비도 돌아오는데
미라로 굳어진 얼굴
일몰에 고갯길 넘어가는 방랑자처럼
내 삶도 저물어 갑니다.

툇마루에 앉아 깜박 졸음이 들면
꿈에서라도 보고픈 당신

# 흙으로 돌아가시던 날

어둠 속에서
비단 옷을 입은들
무슨 소용이 있겠는 가요?

숲은 조용히 서있다
죽은 별처럼
포자胞子의 시간
검은 구멍 속으로 빠져간다.

오남매에게 저울로 달아서
똑같이 나누워 주던 마른 고추
그 사랑은 남풍에 사라지고

당신이 흙으로 돌아가는 모습
지금은 향기마저 사라지고 없으니
떠오르는 얼굴 꺼내 마음으로 보렵니다.

# 약속

청춘의 시절
그때 그 끓는 피
유리알처럼 맑고
신봉하던 그 믿음

지난 시절 아름다운 약속이
세월의 연륜과 풍파에
빛바래긴 했지만
삶의 오랜 동반자가 되어

우산과 버팀목으로
살아온 세월만큼
사랑은 그대로 존재하고 있건만

뒤돌아보니 퇴색한
색깔로 남아있는 모습이
맑은 영혼과
닮았다고 느껴지는 요즘

약속이라 말하지 않아도
목숨보다 귀한 사람
아직도 믿고 있는 가요

# 가을


봄부터 새겨놓은 사연들
하나씩 불태우며
까맣게 타들어 가
바람결에 떨구는 걸 보니

뜨거웠던 날들의 열정이
산기슭 물들이면
앙상하게 야위어가며
온 누리 위에 번지는

붉어진 가슴
뜨거운 노을 속으로
외기러기 나는 걸 보니
가을도 어둠속으로 기우는 구나

갈색 바람에
짧았던 행복
잊지 못할 추억 달래며
한동안 이별을 아쉬워한다.

## 겨울 참새

가을은 말없이 떠나고
무질서로 얼룩진
조금 쓸쓸해 보이는
하얀 풍경 속에
엄숙한 표정으로
벌거숭이 나무 가지 끝에
외롭게 앉아있는 참새 한 마리

흔들리는 잎 새 위
희미한 잔영만이
혼자임을 느끼게 하고
남몰래 숨겨놓고
속 알이 하던 사랑을
기다리는지

낯선 모습 받아들이기에는
생각보다 차갑게 느껴진다.
그토록 원했던 사랑
허망한 꿈이었나.
사랑이 너무 밉다

# 뉘우치는 눈물을 주옵소서

사악한 잡초들이
우후죽순처럼
솟아나 활개를 치고
위장된 태극기와
성조기 그리고 욱일기
이스라엘기가
광화문 광장에 등장했다

이것이 곧
교만한 생각에서 나온
간교한 생각이다
목숨 걸고 나라를
지키지 아니하면
짐승만도 못한 노예가 된다.

여호와 하나님이시여
어리석은 마음을
깨닫고 뉘우치는
눈물을 주시옵소서.

# 낙엽

너
떠나가야 한다면
아름다운 단풍은 그냥 놔두고 가렴

찬바람 보낼 거면
너라도 내 곁에 있어주렴

무엇 하나 남김없이 다 가져 갈 거라면
너를 못 잊은
내 마음마저 가져가렴.

널 떠나보내면
이 찬 겨울을 어떻게 보낼 수 있을까

# 유혹

미풍에 흔들리는 어린 잎 새
꽃이 피고 싶은 날

나비 춤 따라
촉촉하게 젖은 꽃물결

노란 스카프
나뭇가지에 걸어놓고

죽어있는 자연 속에서
속세를 등질 줄이야

# 종착역

굽은 허리에
시간을 업고
속 알머리 없는 머리에
세월을 이고

애틋한 맘으로
달래고 보듬어 보지만

시간의 종착역은
과연
어느 메 있나?

## 소백산 산철쭉

소백산 높은 봉우리 사이
운해가 걸려있고
산자락엔 군락으로
떼지어 덤벼드는
연분홍색 꽃잎이
늦은 봄의 절정을 알린다.

바람과 구름이 찾아오는
햇살 따라 피어올라
구름이 주는 행복에 젖고
놀란 장끼 울음소리
메아리 퍼져 나갈 때
짝짓기 하는 나비
세월을 비웃는다.

거친 숨 몰아쉬며
정상에 오른 상춘객들

만끽하고 싶은 건
복잡하게 얽힌 일들이
풀리기 때문만은 아닐 것이다
수줍은 듯 나무 그늘 밑에서
고운 향기 날리는
산철쭉을 보고 싶어서 일 게다.

## 꽃과 나비

꽃이 나비를 위해  피는지
향수를 뿌리고
얇은 옷을 걸치고
가슴속엔 사랑까지 품고
나비를 기다리니
꽃은 행복한 마음이다

달콤한 유혹에
살포시 내려앉은 나비
애무하며 맛보는
달콤한 사랑 한 방울
흥분한 꽃은
환상의 나래 펼치네.

자연의 순리라지만
기왕이면 호랑나비가
왔으면 좋겠는데
어디쯤 오고 계시려나.

## 운해雲海

간밤이 드리운 운해雲海
산봉우리 조각배 되어
평화롭게 흐른다.

은근 슬쩍
고개 넘어 불어오는 바람
너울이 되어
사무치게 다가오는 그리움

떠오르는 아침노을
썰물 되어
이슬로 내리네.

# 인연

일하는 만큼 살고
부딪힌 만큼 느낀다.
카드 한 장 챙겨
어둠 속에 반짝이는 샛별을 보면서
보람된 열매를 찾아서
평생 한길만을 걸어왔다.

어느 날 일터에서 만난 인연
차창너머로 비친 그대 얼굴
배시시 웃는 그가 보였다.
온종일 힘들어도 참아가며
가슴으로 하는 말을 하던
잊혀 지지 않는 사람이 있었다.
미워할 수 없는 사람이 있었다.

희끗희끗한 머리카락 늘어가도
내 작은 가슴엔
남은 그대의 그 향기에
지금은 웃음으로 화답한다.

그댄 나에게

나는 그대에게

서로 주고받는 눈길만으로도 행복했었다.

# 벚꽃에게

춘삼월
못 다한 사랑
벚꽃 그늘아래서
사랑 편지 읽고 또 읽으며
언제나처럼
반갑게 잘 읽어준 너에게 고마움을 전한다.

봄기운 완연한 계절
더 이상 참지 못하고
부푼 가슴 열고 말았지
그래도 네가 있어 기쁘다.

우리는 끝내
손 한 번 잡지 못하고
이렇게 멀리서 바라만보다
바람에 보내야 하는
서글픈 마음
어찌 하겠니 세상이 그러는 걸

내 일생 겪어보지 못한
갇힌 시간
코로나 시대

백신은 맞았다만
아직 항체가 생기지 않아
늘 너만을 생각하며
내년을 약속 하리라

# 유년의 가을

아무 생각 없었던 그 시절
세월의 밀려 흔적도 없지만
마음으로나마
유년의 고운 가을을 그려 본다

탱자나무 울타리 사이
두 볼이 누루스름하게
상기된 채
익어가는 탱자 향

미소 가득 머금고
가을이 걸어오는 골목에
순수 그자체로
갈바람 따라 걸어온다.

이제는 가슴속에서나 사는
그 시절 나그네 되어
살금살금 걸어오는
이쁜 마음이어라

# 겨울 여정

달도 차면 기울 듯이
모든 일에 순서가 있다.
가면 오고 오면 가는 것이
순리인 것을
그대는 주섬주섬 봇짐 싸서
눈발 날리며 떠났다.

성급한 작별은
아쉬움만 남겨놓았다.

쫓겨 가는 겨울의 뒷모습이
무척 초라해 보였다.
봄에게 자리를 물려주고
성급히 떠나는 겨울은
떠날 때를 알고 있었다.

매화꽃이
성급히 화답했다.
꽃샘바람이 불어도
봄이 온 사실을
몸으로 알렸다.

# 내 아버지

언제쯤 이었을까?
하얀 소복 입고
차가운 밤을 헤매다
애절한 아들의 삶이
안타까워
내 품에 앉으셨습니다.

몇 번이고 몇 번이고
불러 보지만
당신은 대답이 없었습니다.
당신은 귀머거리라
나의 간절함을
느낄 수 없었습니다.

아버지
하늘에서 만나요
그땐 말을 하지 않아도
들을 수 있는 가슴 하나
준비할 게요

힘든 삶
당신의 가슴에 묻지 마시고
아들 가슴에 내려놓으세요.
지금은 먼 길 쉬지 않고
기쁜 마음으로 살고 있답니다.

아버지
내 가슴속에 꽃으로 피어있는
선한 그 모습
내 아버지
사랑합니다.

# 봄기운

동면에서 깨어나는 봄기운
짧은 봄 햇살 내린
강변을 산책한다.

강가의
얼음이 녹아서 엷어지고
그 옆에 버들강아지가
보송보송 고개를 내밀고 있다.

아직은 꽃샘바람이
으스스 몸속으로 파고 드는데
강변의 찻집을 들렸다.

찻집에서
따끈한 차를 마시며
비발디의 사계를 듣던
봄날의 기억이
주마등처럼 지나간다.

## 인생 여로

인생은 고해라고들 한다.
순간순간 즐거움보다는
힘들고 고통이 출렁거리는
끝없이 넓고 깊은 바다

백년도 못사는 인생이지만
서로가 생존을 위해
남들과 부딪치기도 하고
서로 악수를 나누기도 하면서

천년을 살 것처럼
욕심을 부리다가
빈손으로 돌아간다.

노을 지고 돌아오는
아름다운 마음으로
함께하는 노년을 그리면서
남은 인생길을 걷는다.

## 겨울의 노래

차가운 바람
길거리 뒹구는 나뭇잎들
날씨가 점점 추워져도
연인들이 한강 고수부지에서 사랑을 속삭인다.

강물은 꽁꽁 얼어붙어
강물이 흐르는지 알 수가 없다.

추워질수록
여인들은 부둥켜안고
서로의 체온으로
겨울을 노래한다.

콩콩콩 뛰는 심장소리
따뜻한 사랑을
펌프질해대며
겨울을 노래한다.

# 하얀 눈

여인의 발걸음으로
소리 없이 내려온다.
사뿐사뿐
땅위의 모든 것들을
하얗게 덮어놓았다.

하늘이 펼쳐놓은
동화책을 읽는다.

눈밭
솜사탕
어린 시절
고향 생각

마냥 신명이 나서
눈을 맞으며
뛰어다녔던 친구들의 얼굴을 떠올린다.

그때처럼
내 마음에도
하얀 눈이 내렸으면 좋겠다.

# 파도가 다듬은 조각

격포항으로 향하면
단조의 작은 음성으로
칠산 바다는
내 가슴을 파고든다.

파도와 바람이 다듬은
기이한 풍화 혈
채석강 해식동굴은
빛과 조화에 진가를 보인다.

수 천 년 태풍과 벼락
비바람에 깨지고 부셔지면서
뜨거운 심연 속에
만들어낸 조각

검게 타버린
기암절벽은
파도의 칼부림에
뼈와 살을 헐어 냈고

석양은
우주를 껴안고
내가 붉게 표시해둔 일몰이
물결에 휩쓸려
불을 붙이며
수평선을 붉게 태운다.

# 시간의 흐름에 따른 내면의식의 진술

## - 김영업 제3시집 『시인의 길』 시평

### 김 관 식
시인, 문학평론가

## 1. 프롤로그

오늘날 한국은 시인의 홍수시대를 맞이하고 있다. 그만큼 시를 좋아하는 사람이 많다는 사실을 입증한다. 이는 한국사회가 산업화과정을 거치면서 급격한 사회 변화가 가져온 과도기적 정신문화의 변화라고 볼 수 있다. 경제개발계획의 성공으로 물질적인 풍요를 누리게 된 국민들의 정신적인 공허감을 충족시킬 대안으로서 시에 대한 집착으로 보인다.

어찌되었던 간에 시를 사랑하는 인구가 많다는 현상은 좋은 현상이나 우리나라 고질적인 허례허식의 문화가 정신문화를 선도하는 문학, 시 향유로 자리 잡았다면 사회

병리적인 현상이 아닐 수 없다. 무분별하게 독자가 없는 오백여개를 웃도는 문예지들이 발간되고 있고, 이들 문예지들이 등단제도를 두어 시인자격 칭호를 남발하여 시를 쓰는 척하고 시인 노릇을 하는 시인들을 해마다 수백여명을 배출하고 있다. 따라서 무조건 시를 쓰겠다고 하면 시도 아닌 조잡한 글을 쓴 사람이나 시를 낭송하는 사람들까지 등단이라는 이름으로 시인 칭호를 남발하고 있어 한국시는 문학정신이 전혀없는 시답지 않는 시를 쓰는 시인들의 홍수시대를 맞이하고 있다. 이러한 때에 김영업 시인은 『미래시학』이라는 문예지를 공동으로 창간한 주역으로 활동하면서 홈페이지를 운영하고 있는 시인으로 시인들이 시를 쓰고 발표할 수 있는 기회를 열어주는 역할을 꾸준히 실천해오고 있는 시인이다. 이번에 세 번째 시집 『시인의 길』을 발간하게 되었다. 시를 사랑하고 시에 대한 열정이 큰 김영업 시인의 제3시집 『시인의 길』를 따라가 보도록 한다.

## 2. 시간의 흐름에 따른 내면의식의 진술

문학은 결국 시공간에 유한하게 존재하는 인간들의 이야기다. 시의 경우 인간들의 경험정서를 압축하여 전달한다. 다시 말해서 자기가 겪은 경험을 바탕으로 상상력을 가미하여 이미지로 형상화하고, 감각적으로 구체화시켜 묘사하고 진술해 놓은 장르가 시이다. 다른 문학 장르의 글보다는 가장 짧게 압축한 글이다.

우리 인간은 고작 100년의 짧은 순간을 지구라는 공간 속에서 살다가 자연으로 돌아간다. 지구상에는 수천수만 가지 생명체들이 존재하고, 이들 각각의 생명체들이 종족을 보존하기 위해 생식기능으로 대를 이어간다. 그렇지만 그 무수한 생명체들을 지배하는 가장 지혜가 뛰어난 생명체는 인간들이다. 이는 인간들이 다른 생명체에 비해서 두뇌가 발달하여 자신의 생각과 느낌을 서로가 약속된 신호체계인 언어를 통해 의사전달을 하고, 문자로 남겨 다음 세대에 전수가 가능하기 때문이다.

따라서 인간은 지구상에 존재하는 생명체 중에서 사유가 가능한 가장 발달한 고등동물이라고 할 수 있다.

문학은 사유하는 인간의 특권인 진솔한 내면의식을 언어로 표현하는 활동이다. 따라서 우리 선인들은 문학을 자신의 마음을 다스리는 재도지기 자세로 정신적인 가치를 숭상하며 작품을 창작해왔다. 그러나 오늘날 물질적인 풍요에 따른 허명의식이나 허례의식에 의한 존재감을 표출하기 위해 시인, 작가 칭호의 획득과 더불어 거짓된 문학 활동을 문학작품 창작으로 오인하는 물질주의 문학관은 우리나라의 비정상적인 문학 풍토가 아닐 수 없을 것이다.

이러한 오늘의 상황에서 김영업 시인의 제3시집 『시인의 길』를 걷기 위해 부단히 노력하는 사람으로 알고 있다.
　이 시집은 제4부 88편의 시를 엮어놓은 시집이다. 제1부 여울목은 자연속의 경험정서를 끌어와 자성적인 사유를 기록한 시들이고, 제2부는 고향 생각은 가족들과 생활 경험과 측은지심으로 사회적 약자에 대해 따뜻한 애정의 눈길로 바라보는 사회적 상상력을 펼쳐놓은 시들을 모았다. 그리고 제3부 질경이 같은 당신은 사랑의 기초단위인 부부간의 사랑과 여타 이웃 간의 소통 경험을 진술했으며, 제4부 소백산 산철쭉은 고독한 화자의 내면의식을 표출한 시들을 묶어놓고 있다.
　그러나 시들이 봄, 여름, 가을, 겨울 등 사계절의 변화 순서로 묶어두었기보다는 시간의 흐름에 따른 내면의식을 진술하나 시의 배열은 내면의식의 흐름에 따라 뒤엉켜있는 화자의 혼란한 의식을 반영하여 시간 순의 배열구조가 흩어져 있음을 알 수 있다.

1) 제1부 여울목
　- 자연속의 경험정서와 자성적인 사색의 기록

　사람은 살아가면서 자연과의 경험정서가 무의식의 기저에 자리 잡아 자연과의 관계에 대한 정서경험이 크게 인간의 정신세계에 영향을 미치기 마련이다. 그래서 가스통 바슐라르는 모든 예술의 근원을 물, 불, 대지, 공기 등 내 개의 질료로 압축하여 물질적 상상력으로 예술작품을 분석했다. 그의 주장에 의하면 인간의 정서경험의 뿌리는 4원소에 귀착되며 어린 시절을 보낸 고향의 정서경험은 물질화되어 무의식이 작품에 투영된다고 보았다.

김영업 시인의 시적 배경이 되는 공간적 배경은 자연이나 구체적인 장소가 불분명하게 나타나고 있다. 「그 자리」에서처럼 그의 시에 등장하는 공간은 구체적인 공간이 아니라 관념속의 공간, 즉 "영혼 속에 생명의 물이 흐르는 강/그 자리에 머물고 싶다."라고 장소성 지시어 '그 자리'로 애매한 관념적인 공간을 설정하고 있다. 이 관념적인 공간은 바로 내면의식을 물질화한 강이다. 강은 흘러가기 때문에 장소성이 불분명하다는 속성을 가지고 있다. 그럼에도 굳이 장소성이 불분명한 막연한 공간의 설정은 딱히 어디라고 구체적으로 지칭할 수 없는 내면공간이기 때문이며, 시간의 흐름에 따라 연속적으로 흘러가는 강의 일정한 시점의 공간을 의미하기 때문일 것이다.

그럼에도 그의 시에서 구체적인 장소가 드러난 것은 「동백꽃」에서의 선운사 대웅전 뒤뜰이지만, 여타의 시에서는 구체적인 공간을 설정하지 않는다. 특히 「여울목」이라는 시에서는 포괄적인 공간으로 "여물목"을 설정하였을 뿐이나 "여물목"의 물도 나중에는 강의 일부가 되기 때문에 시간의 흐름에 따른 내면공간이라고 할 수 있다. 따라서 물길이 흘러가는 여러 줄기의 냇물이 흐르다가 만들어낸 "여울목"은 강물이 되기 이전의 상태의 공간이다. 이는 강으로 상징되는 내면의식이 점점 확장되어가고 있지만, 그 좁음 공간에서 태어나 강을 따라 내려가고 결국 먼 바다까지 나아가 자라다가 죽음이 임박했을 때 자기가 태어난 곳을 찾아 거슬러 올라오는 연어의 귀향을 진술하고 있다.

낮은 곳을 향해
달려가는 물길
산 골짜기를 굽이 돌아
여울목에 이르러
잠시 쉬었다가
물은 다시 강으로 흘러간다.

막아서는 바위 주위를 돌아
낭떠러지에서는 힘차게
떨어지면
소리를 지르며
여러 지류가 모여서
강을 이루고 강물은 다시
바다로 흘러간다.
여울목에서 태어나

물길을 따라
넓은 바다 구경을 하고
귀향하는 연어가
다시 찾는 여울목
연어가 대를 이어가는
터전이다.

고향으로 귀향하는 연어는
알을 낳아
대를 잇고
숨을 할딱거리며 죽어간다.

여물목은
生과 死의 갈림길
만나고 헤어지는 곳
연어의 종착역

- 「여울목」 전문

「여물목」은 연어가 태어난 고향이다. 연어는 귀소본능이 있어서 죽을 때가 되면 다시 고향을 찾아 강을 거슬러 올라온다. 「여물목」은 화자가 안정감을 누릴 수 있는 고향과 같은 내면공간이다. 연어가 귀향을 꿈꾸고 있듯이 본능적으로 자기가 태어난 고향을 찾아오듯이 우리 인간은 안식과 휴식을 취할 수 있는 본원적인 내면공간을 찾아 감으로써 각종 스트레스를 벗어날 수 있는 것이다.

그가 「사랑의 연서」을 쓰는 것도 내면공간의 「여울목」에서의 정서경험을 공유함으로써 카타르시스를 하기 위함이다. 「정 두고 온 자리」와 「넷 쌍의 산행길」 등은 바로 「여울목」을 출발점으로 하여 자신이 현재까지 걸어 온 「길」을 걸어오며, 「보이지 않는 사랑」도 경험하고, 「잊을 수 없는 흔적」도 보았을 것이다. 그 내면공간 속에서 인연을 맺은 사람들과 「약속」도 하고, 「오색 약수터」, 「봄비」, 「안양천의 꼬마 장미」, 「찔레꽃」, 「보리밭」, 「연분홍 코스모스」 등도 보고 들었을 것이며, 「고맙습니다.」는 느낌을 받기도 했을 것이다. 따라서 살아오면서 맺은 사람들과의 관계를 계속적으로 이어가기를 희망하는 소망을 「그대는 뉘신가요?」로 진술하고 있다.

이처럼 제1부 여울목에서는 자연속의 경험정서와 자성적인 사색의 기록하고 있다.

2) 제2부 고향 생각
 - 가족들과의 생활 경험과 사회적 상상력 전개

경자년 중국 우환에서 시작한 코로나 바이러스 19가 올해까지 지구촌에 사는 인간들의 생명을 위협하고 있다. 행복을 추구하려는 인간의 무한한 욕망을 달성하기 위해 자연을 파괴하고 화석연료를 사용하여 지구온난화를 가속시킨 결과, 판도라의 상자를 열어버렸기 때문이다. 이러한 포스트 코로나 시대 인간이 물질적인 욕망의 추구보다 생태주의 생태관으로 지구촌에 존재하는 생물과의 상생의 관계가 무엇보다도 중요함을 절실하게 깨우치게 하는 계기가 되었을 것이다.

  인류는 최대의 위기를 맞고 있다. 그리고 육안으로 볼 수 없는 코로나 바이러스와 「소리 없는 전쟁」를 치르고 있다. 지구를 지배하는 인간의 오만성은 「가을 낙엽」처럼 추락했고, 「노을 바라보며」 인간이 무력한 존재이며, 「매미의 일생」과 같이 짧은 순간을 살다가는 하찮은 존재라는 사실을 새삼 깨닫게 되었을 것이다.

    봉대산 꼭대기에
    피어오르는 뭉게구름
    고향 생각
    펼쳐놓고 있다.

    칠산 바닷물의 원류
    구름도 바람도 쉬어가는
    아늑한 곳

    고향이 날 부르는데

*잠깐 쉬어 감도 좋으련만*
*아른거리는 생각뿐이다.*

- 「고향 생각」 전문

"봉대산"은 전국에 여러 곳이 있으나 여기에서는 시인이 태어난 고향 전남 무안 해제에 있는 산이다. 그는 어린 시절을 "봉대산"을 바라보며 꿈을 꾸었고, 아늑한 어머니의 품처럼 그의 내면공간에 우뚝 자리 잡아 그를 지탱하고 있다. 서울 올라와「인력시장」의 경험과 냉혹한 도시 생활 현장에서 아웃사이더로 전락한「노숙인의 삶」을 보면서 동시대를 살아가는 사람으로서 연민의 정을 느끼기도 했을 것이다.

뭐니 뭐니 해도 고향을 생각하면 우선 가족이 떠오를 것이다. 따라서「남매간의 우애友愛을 강조하시던 어머니의 말씀, 그리고 살다가 운명을 달리한「장형의 영면永眠」을 보고 가슴이 아팠을 것이다. 그리고 고향하면 떠오르는 것이「친구」이며 그 중에는「잊혀져가는 친구」에 대한 안타까운 마음도 들었을 것이다.

그리고 살아오면서 관계를 맺었던 인연들과의「만남과 헤어짐」을 되풀이했다. 그때마다 그는「나의 허물을 벗기며」자신을 뒤돌아보았으며,「자화상」을 그려보았다.

제2부 고향 생각에서는 고향에서의 가족과의 단란한 생활에 대한 사향의식思鄕意識을 바탕으로 어린 시절의

친구, 그리고 그 인연을 생각하며 자신을 뒤돌아보는「나의 허물을 벗기며」,「자화상」을 그려보고 사회의 그늘에 살아가는 사람들에 대해 측은지심으로 바라보고 사회적 상상력를 펼치고 있다.

바로 그것이 코로나 바이러스를 상황을 다룬「소리 없는 전쟁」, 서민들의 애환을 소재로 한「인력시장」,「노숙인의 삶」등이 이에 해당한다.

3) 제3부 질경이 같은 당신」
 - 사랑의 기초단위인 부부간의 사랑과 여타 이웃 간의 소통 경험

사랑의 가장 기초 단위는 가정이다. 옛 말에 가화만사성家和萬事成이라는 말이 있다. 가정이 평화로워야 모든 일이 잘 된다는 말이다.『대학』의 8조목에 등장하는 고사성어로 수신제가치국평천하修身齊家治國平天下라는 말과 상통하는 말이지만, 이 말은 "천하를 다스리려는 사람은 먼저 자신부터 갈고 닦아야 한다는 말로 자신의 心氣體를 갈고 닦아야 가정이 바르게 설 수 있고, 나아가 나라를 다스릴 수 있으며, 궁극적으로는 온 세상을 평정하는 단계에까지 이루어낼 수 있다는 뜻이다. 다시말해서 모든 일에는 단계와 절차가 있고 순서가 있으며, 큰일은 작은 일을 잘 처리해야 감당 할 수 있다는 말로 사랑의 기초단

위인 부부간의 관계가 원만해야 가정이 바로 서기 마련이다. 부부간에 신뢰를 쌓기 위해서는 나 스스로가 가정을 위해 헌신하는 자세가 우선일 것이다. 김영엽 시인은 결혼하여 자식을 낳아 기르면서 헌신하는 아내의 고마움을 「질경이 같은 당신」으로 예찬하고 있다.

삼복더위 열기 풍기던 날
낯선 도시에서
운명처럼 만난 당신
우리의 만남을 한 올 한 올 엮어본다.

순탄치 않았던
지난날 뒤 돌아보며
빛바랜 사진첩을 꺼내본다.
눅눅한 곰팡이 냄새
어둡고 습기 찬 방에서 살았던 기억
사진첩 속 마른 질경이 잎

꿈도 많고 목표한 일을 이루어내려고
끈질기게 노력하던 당신
살갗 얇아지고 처진 눈주름
말하지 않아도 대견스럽다오.

두 아들 앞날 위해 딸라 돈으로

등록금 내고

남편 사업 자꾸 좌절의 구덩이로

한없이 빠져드는 시간 속에서도

밤이슬로 치료하고 일어서는 질경이

빛바랜 사진 속에

아직 지워지지 않았지만

당신의 멋진 모습

지금은 자랑스럽소,

- 「질경이 같은 당신」 전문

  가정을 꾸리면서 어렵게 살아온 환경을 탓하지 않고 부부일심동체로 묵묵히 헌신해준 아내에 대한 고마움을 질경이로 환치하여 전하고 있다. 질경이는 질긴 생명력을 지닌 풀이다. 1960-70년대 산업화의 물결이 한창일 때 고행을 떠나 도시로 이주하여 정착한 가정은 수많은 시련을 겪었다. 「질경이 같은 당신」의 끈질긴 생명력은 「선인장」과 일맥상통하다. 「첫 사랑」과 「운명처럼 만난 인연」으로 젊은 남녀가 서로 부부의 연을 맺게 되고 행복한 가정을 꾸려나가기 위해 수많은 시련과 고통을 참아내며,「부부의 행복」을 가꾸기 위해 노력했을 것이다.

  따라서 산업의 발전으로 투명한 유리 건축물로 인하여

새들의 죽음을 그렸으며 「흘러간 시간」을 거슬러 가서 「유리벽」을 반추해보고 있다. 그는 아내와 친구들과 커피를 마시며 「커피 사랑」으로 중독되어 「쓴맛에 담긴 사랑」의 의미를 생각해보기도 한다. 모든 일에서 은퇴했을 때 아내와 함께 「인생 2막」을 꿈꾼다.

제3부 고향 생각에서는 사랑의 기초단위인 부부간의 사랑과 여타 이웃 간의 소통 경험을 다룬 23편의 시를 실었다.

4) 제4부 소백산 산철쭉-고독한 화자의 내면의식 표출

늙어가는 것을 실감하는 70대 "내 몸이/예전 같지 않다."는 사실을 인지할 때 화자는 「유년의 가을」과 「아버지」의 삶을 떠올리곤 한다. 그리고 「흙으로 돌아가시던 날」을 기억하며, 「뉘우치는 눈물 주옵소서」라고 기도를 올린다. 그는 아버지를 통해 그동안 「인연」를 맺은 인연들과의 「인생 여로」를 되새김질해보기도 하고 「가을」, 「낙엽」, 「노을」 등을 바라보고, 「겨울의 노래」를 부르는 등 고독한 내면의식을 표출한다.

> 똥장군을 지고 언덕길을 넘어
> 밭으로 가시던 당신
> 등에 얹힌 당신의 삶에 무게는

셀 수 없는 눈물이었을 겁니다.

강남 간 제비도 돌아오는데
미라로 굳어진 얼굴
일몰에 고갯길 넘어가는 방랑자처럼
내 삶도 저물어 갑니다.

툇마루에 앉아 졸음이 들면
꿈에서라도 보고픈 당신

- 「아버지」 전문

오늘날 4050세대들은 우리나라가 산업화되기 이전의 전형적인 농촌의 경험을 해온 세대들이다. 오늘날 농업이 기계화되고 화학비료로 농사를 짓는 시대에서는 볼 수 없는 풍경이다, 옛날에는 인분을 거름으로 농사를 지었다. 그러기 위해서 인분을 퍼 담아 옮길 때 쓰는 농기구 똥장군을 짊어지고 논밭에 똥을 지게로 짊어지고 옮겨 날랐다. 주로 봄에 변소에서 삭힌 똥을 바가지로 퍼 똥장군에 담아서 짚으로 된 뚜껑을 닫아 똥지게로 옮긴다. 논이나 밭에 가서 뚜껑을 열고 작은 바가지로 퍼서 뿌렸던 풍속도를 볼 수 있었다. 김영업 시인은 어린 시절 봄날 똥장군 짊어지고 밭으로 가셨던 아버지를 「소백산 산철쭉」를 구경하기 위해 봄날 소백산을 오를 때 "거친 숨 몰아쉬며/ 정상에 오른 상춘객들"의 모습을 떠올리며, 자신의 고독한 내면의식을 시로 진술해내고 있는 것이다.

　제4부 소백산 산철쭉은 소백산 산철쭉을 보기 위해 등산했던 경험을 떠올리며 봄날의 쓸쓸한 이미지와 가을과 겨울의 쓸쓸한 이미지를 병치시켜서 고독한 화자의 내면의식 표출하고 있다.


## 3. 에필로그

　시인의 길은 험난하다. 허명의식으로 시를 쉽게 생각하고 쓰려고 하면 시는 관념으로 흐르게 된다. 문학의 대표적인 장르인 시는 슬프다. 기쁘다. 고독하다. 허무하다. 무섭다. 절망스럽다. 그립다. 등과 같은 정서를 입축하여 구체적인 경험상황을 들추어내서라고 이미지로 형상화하여 감각화시켜 보여주고 말해야 시가 되는 것이다. 그러나 대부분 우리나라 시인들은 자신이 머릿속으로 만들어낸 관념을 설명하고 그것을 시라고 한다. 따라서 사물을 보고 생각나는 머릿속의 그림을 따라서 기술하는 방식으로 시를 써왔기 때문에 주제가 불분명하고 여러 가지 정서가 뒤섞여버리거나 뜻이 넓은 관념어나 한자어로 표현함으로서 시를 쓴 화자의 생각이 독자에게 그대로 환기되는 것이 아니라 시어를 의미를 나름대로 생각하는 동상이몽의 현상이 도처에 벌어지고 있는 것이다. 이런 시를 낭송이라는 이름으로 낭송하면 그럴 듯하게 들리지만 횡설수설 무엇을 말하는지 모르게 되는 것이다.

따라서 "사랑", "행복", "운명", "지혜" 등과 같이 눈으로 그 형상을 볼 수 없는 낱말을 관념어, 추상어라 하는데. 이러한 낱말은 그 범위가 너무 넓어서 화자가 시를 쓸 때 사용한 의미와 시를 읽은 독자가 해석한 낱말이 달라지게 되어 시가 전달되지 않게 된다. 또한 되도록 한자투의 낱말은 시어로 가급적 쓰지 말라는 말은 한자는 상형문자로 뜻글자이다. 사물의 형상을 본떠 만든 언어이기 때문에 머릿속으로 만들어낸 그림과 같은 관념적인 속성을 지닌다. 따라서 이들 낱말을 주관적으로 시어로 사용했을 때는 언어의 전달기능이 마비되게 된다. 따라서 관념어나 한자어는 시어로 사용할 때는 구체적인 정서경험 상황을 제시되어 그 의미를 축소했을 때만이 시어로 기능하지만 대부분은 시어의 기능하지 못하게 된다. 이들 낱말은 자유시가 근간으로 하는 내재율을 깨뜨려버린다. 그러나 유행가 가사에서는 관념어나 한자투의 낱말도 외형율을 살려 활용이 가능하지만 현대시가 노래와의 결별을 선언하고 그림과 결합한 만큼 구체적 정서 상황을 이미지로 형상화하여 묘사하고 진술해야 한다는 것이다.

김영업 시인의 제3시집 『시인의 길』은 결코 만만치 않는 시인의 길을 걷겠다고 나선 시인이다. 그는 관념을 벽을 허물어내기 위해 노력하고 있는 시인이다. 어려운 길인줄 알면서문예지를 창간한 열성과 『미래시학』 홈페이지를 운영하며 시 창작 공부를 꾸준히 하고 있는 그야말로 『시인의 길』을 인내하며 걸어가는 그의 앞날에 항상 축복이 가득하길 바랄 뿐이다.